Heinz Landon-Burgher

Putin-Trump-Xi Jinping
die Tripolare Weltordnung
und die antichristliche-satanische Eine-Welt-Regierung

FSC
www.fsc.org
MIX
Papier aus verantwortungsvollen Quellen
Paper from responsible sources
FSC® C105338

Herstellung und Verlag:
BoD – Books on Demand, Norderstedt

ISBN 978-3-7519-9403-3

Putin-Trump-Xi Jinping, die Tripolare Weltordnung und die antichristliche-satanische Eine-Welt-Regierung

Endzeit

Die Zeichen mehren sich, dass wir in der Endzeit leben. Die satanisch entfesselten Mächte des „tiefen Staates“ deuten auf das baldige Erscheinen des Antichristen hin, der die Weltherrschaft übernehmen wird.

Der Zorn Gottes

Diesem Treiben wird Gott im Jüngsten Gericht ein Ende setzen und die Kriegsverbrecher mit ihren millionenfachen Morden, sowie die kriminellen Politiker besonders in den USA die gegen die Menschen- und Völkerrechte verstoßen haben, ihren gerechten Strafen zuführen, nämlich der ewigen Verdammnis.

Die alles verzeihende Liebe

Es gibt eine Irrlehre, die besagt, dass Gott alles versteht und alles verzeiht, dass er prinzipiell allen die Sünden vergibt, ob sie bereuen und Buße tun oder nicht. Heinrich Heine spottet, er wird auch mir meine Sünden vergeben müssen, er kann gar nicht anders –Vergeben- das ist ja schließlich sein Beruf.

Täuschung

Wer so denkt, der unterliegt einer großen Täuschung. Das Leid, der Schmerz und die Angst gefolterter Kinder durch Pädophile, die Schändung der Frauen in zwei Weltkriegen und im alltäglichen Leben, der Bombenterror auf deutsche Städte mit Millionen von Toten, Frauen und Kindern, die täglichen Drohnenmorde in aller Welt, die Vertreibung ganzer Volksstämme aus ihrer Heimat: Schlesien, Pommern, Ostpreußen, ..., die systematische Folter in Gefangenenlagern, künstlich erzeugte Hungersnöte in Europa, in Afrika und weltweit, willentlich verbreitete Pandemien, … all das empört Gott genauso, wie es jeden normal empfindenden Menschen entrüstet.

Das russische und das deutsche Volk

Diese beiden Völker, die besonders eng zueinander gehören und ganz nah miteinander verwandt sind, haben in den zwei Weltkriegen mehr als jedes andere Volk Leid erfahren und Opfer gebracht.

Russische Revolution

Die Russen haben vor allem durch die von den Illuminaten und Freimaurern initiierte und finanzierte Revolution des Marxismus-Kommunismus, angeführt durch Lenin, einen hohen Blutzoll bezahlt und die Zerschlagung einer über tausendjährigen Tradition und Geschichte der russisch-orthodoxen Kirche und des Zarentums erdulden müssen.

Ende des Protestantismus

In Deutschland hat dieselbe Verbrecherbande dem Protestantismus, dessen Theologie einen Kulminationspunkt erreicht hatte, den Todesstoß gegeben, parallel zur Vertreibung des letzten vom Volk hochangesehenen deutschen Kaisers und der Beseitigung der Dynastie der Hohenzollern.

Habsburger Reich

Das Habsburger Reich mit dem Kaiser in Wien, das in fortschrittlicher Weise schon ein Staatenbund war, und den Nationalstaat in einer menschlich rechtlichen Weise überwunden hatte, und das in höchster Blüte stand, auch diese Donaumonarchie wurde gegen den Willen der Völker zerschlagen. Wo Deutsche und Ungarn sich gegenseitig kulturell befruchteten und wo ihre Hauptstädte in Pracht miteinander wetteiferten.

Budapest

Budapest ist auf den ersten Blick fast beeindruckender als Wien; die Tschechen hatten in Prag, der Goldenen Stadt, eine der schönsten Städte Europas, ihren Mittelpunkt; die Slowaken in Preßburg; wundervolle Zentren hatten auch die Slowenen mit Laibach (Ljubljana) und die Kroaten Zagreb; die Ukrainer und Polen hatten kulturell bedeutende Zentren in Lemberg und Czernowitz.

Osmanisches Reich

Die Zerstückelung des osmanischen Reichs und das Aufteilen der Beute bevorzugt unter Engländern und Franzosen mit willkürlichen Grenzziehungen zwischen Syrien, Irak und Libanon und Palästina und die daraus entstandenen Konflikte, bis zum heutigen Tag, darauf werde ich später nochmal zurückkommen.

Irrsinn

Die Weigerung der Alliierten einen Friedensvertrag mit Deutschland zu machen und die Fortführung der Besatzung unter Beibehaltung militärischer Stützpunkte, das hat in der Bundesrepublik zunehmend zu Konflikten und einer ausufernden Korruption geführt. Der Irrsinn hat in unseren Tagen Höhepunkte erlebt, dass klar wird, so kann es nicht weitergehen.

Massenvergewaltigungen

Massenvergewaltigungen in der Silvesternacht in Köln, ohne Verurteilung – Ausschreitungen beim G20 Gipfel in Hamburg mit Brandstiftung, Zerstörung von Gebäuden, Angriffe gegen Polizeibeamte mit schwersten Verletzungen – da die Täter grundsätzlich Masken tragen kann nicht gegen sie ermittelt werden.

Antifaschistischen Gruppen

Die Grünen im Bundestag wollen diese „antifaschistischen Gruppen" sogar mit finanziellen Zuwendungen unterstützen. Vorgänge in Minneapolis, Minnesota, Seattle, die völlig aus dem Ruder laufen.

Stuttgart

Die beschauliche Stadt Stuttgart erlebt eine „Partynacht" – eine „kleine" Gruppe Jugendlicher – es sind mehr als 500 – hat in dieser schönen Sommernacht angeblich ein wenig über den Durst getrunken – ein paar Asylanten haben möglicherweise mitgefeiert – und dann versehentlich Schaufenster in der Königstraße eingeschlagen und Geschäfte geplündert – eine Spur der Verwüstung – die Polizei war machtlos. Sie war nicht mehr Herr der Lage.

Oberbürgermeister

Sogar der grüne Oberbürgermeister Kuhn hat gemeint, dass man den jungen Leuten klarmachen sollte, das Partymachen so nicht geht. Er hat sogar den 19 verletzten Polizisten, die in Krankenhäusern behandelt werden mussten, eine gute Besserung gewünscht. Ein leuchtendes Vorbild verglichen mit Parteigenossen, die der Meinung sind, die Polizei gehöre prinzipiell abgeschafft, oder wie eine Kolumnistin der taz schreibt „auf die Mülldeponie" geworfen. Was Seehofer, der für innere Sicherheit zuständige Minister immerhin „als eine unglückliche Formulierung" empfindet.
Kuhn bescheinigt den Polizisten sogar, dass ihre Verletzungen nicht „selbstverschuldet" seien – das ist wirklich erstaunlich. Nämlich weil sie nicht durch übermäßige Polizeigewalt ihre Verletzungen selbst provoziert haben.

Angebot eines Friedensvertrags

Die ausufernden Konflikte und Revolution in aller Welt, die Terroranschläge jeder Couleur haben dazu geführt, dass sowohl Putin als auch Trump ein Angebot gemacht haben soll, dass endlich durch einen Friedensvertrag die nicht enden wollenden Nachfolgekriege des 2. Weltkriegs ein Ende haben sollen und alle strittigen, geopolitischen Fragen friedlich gelöst werden durch Verhandlungen. Xi Jinping macht mit in diesem Bunde, unsere Welt soll neu geordnet werden unter der Führung der drei mächtigsten Männer dieser Welt.

Einheitsregierung und Gleichschaltung aller

Nicht die angestrebte Eine-Welt-Regierung, die Globalisierung, d.h. die Abschaffung aller Nationen und die Gleichschaltung aller Personen, ohne Berücksichtigung ihrer Herkunft, Rasse, Hautfarbe, Kultur, Geschlecht, - und eine einheitliche Weltreligion, die für alle verbindlich ist, und die aus der Vereinigung aller Religionen nach dem Willen der Freimaurer geschaffen wird, also Buddhismus Hinduismus, Moslems, Judentum und Christentum.

Die Tripolare Weltordnung

Dieser Gleichmacherei setzen die drei mächtigsten Männer der Welt eine geopolitische Variante gegenüber.

1. Die eurasische Landmasse von Lissabon von Wladiwostok vereinigt die Vielfalt aller europäischen Nationen unter der Führung Russlands, also Putins.
2. Die reichste Nation, die USA, zusammen mit England und allen englischsprechenden ehemaligen Kolonien, also Australien, Kanada, Neuseeland, usw. unter der Führung Trumps.

3. Der pazifische Raum mit dem bevölkerungsreichsten Land der Erde und einer Hochkultur seit Jahrtausenden China, gemeinsam mit Japan und allen Ländern mit gelber Hautfarbe werden von Xi Jinping geführt, der mit der neuen Seidenstraße sein mächtiges Reich direkt mit Mitteleuropa verbindet.

Die große Hoffnung

Der Kampf dieser drei mächtigsten Staatsmänner der Welt mit den satanischen Mächten des Antichristen kann insofern voller Zuversicht abgewartet werden, weil ganz offensichtlich der höchste Gott seine Hand über sie hält; und auch deswegen, weil diese drei Erwählten in diesem Kampf nicht die verbrecherischen Mittel einsetzen, die von der Gegenseite seit Jahrhunderten gang und gäbe sind.

Putin

Er bekennt sich ganz offen zu Christus. In einer Grenzsituation: Die Stürmung des Moskauer Dubrowka-Theaters durch 50 bewaffnete Tschetschenen und die Geiselnahme von 850 Besuchern – um den Rückzug der russischen Truppen aus Tschetschenien zu erzwingen – in dieser Situation, wo Putin keinen Ausweg mehr sah, um die Besucher des Theaters zu retten, und als das Betäubungsmittel, ins Ventilationssystem des Gebäudes gesprüht, was zwar zur Bewusstlosigkeit der Angreifer führte, wobei aber auch 125 Besucher medizinisch nicht mehr reanimiert werden konnten, in dieser verzweifelten Situation kam es offensichtlich zu einer direkten Begegnung mit Christus. So mindestens hat Putin es gegenüber einem Journalisten angedeutet.

Die russisch-orthodoxe Kirche

Entsprechend hat Putin auch alles getan, damit nach 70 Jahren Staatsatheismus der Bolschewiken, die russisch-orthodoxe Kirche wieder zum Leben erweckt wurde und ein in weiten Teilen des Volkes anerkannter Patriarch wieder eingesetzt wurde.

Wiederaufbau von Kirchen

Sogar Kirchen wurden wieder aufgebaut und restauriert. Sehr zum Ärger der US geführten Anti-Christus-Bewegung. „Pussy-Riots" vom US Fernseher gecastet, unterstützt und finanziert, wurde in alle Teile der Welt ausgestrahlt. Und sogar Angela Merkel, die offiziell ja Vorsitzende einer christlichen Partei der CDU ist, musste sich stark machen und Putin rügen, weil Darbietung von Gottlosigkeit in einer russischen Kathedrale bestraft wurde.

Erstschlag

Das Wissen, dass Putin ein Gläubiger ist, gibt auch die Gewissheit, dass er in einem Atomkrieg niemals einen Erstschlag führen würde. Er sagt es auch ganz offen.
Diese Erstschlag-Doktrin, davon schwärmen aber alle Kriegstreiber: Bush, Cheney, Rumsfield, Cairns+, Pompejo, Bolton, Hillary Clinton, Rasmussen, Stoltenberg, ... Auch Uschi van der Leyen möchte mit einem auf Europa begrenzten Atomkrieg die Insel Krim zurückerobern und Kramp Karrenbauer will mit einer starken Aufrüstung der Nato Putin Angst einjagen. Ein Erstschlag aber wird mit Sicherheit von Russland nicht ausgehen.

Überlegungen

Die Überlegungen der amerikanischen „Elite" sind folgendermaßen: Wenn es uns gelingt, mit einem überraschenden Erstschlag 100 Mio. Russen umzubringen,

dann kann die Gegenwehr der Überlebenden nur noch so schwach ausfallen, dass es auf unserer Seite höchstens 4. Mio. betrifft.
Wir hätten auf diese Weise die ganze Landmasse Eurasien mit fast unerschöpflichen Rohstoffquellen.

Strich durch die Rechnung

Der dritte Weltkrieg hätte längst begonnen, wenn Putin diesen Strategen nicht einen Strich durch die Rechnung gemacht hätte; er hat Waffen und Raketen entwickelt – Kosten 64 Milliarden in Russland gegen 700 Milliarden amerikanischen Rüstungskosten – die mit solcher Geschwindigkeit fliegen, dass keine Raketenabwehr der USA sie abwehren kann. Folglich: Es wird nicht bei 4 Mio. Toten bleiben, und womöglich könnten Mitglieder der „Elite" dabei sein, das hat diese Strategen zögern lassen.

Pandemien

Sie setzen jetzt lieber auf Pandemien. Das war für die Vernichtung der 1,5 Milliarden Chinesen sowieso von Anfang an vorgesehen. Der Erfolg von Biowaffen wurde am Ende des ersten Weltkriegs erstmals erfolgreich erprobt. Die Spanische Influenza war ein Corona-Virus, in amerikanischen Laboren hergestellt und erstmals in den Schützengräben im deutsch-französischen Kriegsgebiet ausgesetzt.

Impfung

Diese „Satanisten" vergessen nur immer eins bei ihren Untaten: Alle Soldaten in den Schützengräben wurden geimpft aber man hat vergessen, ihre Angehörigen zu impfen. Als sie heimkehrten, haben sie ihre Familien angesteckt. Es gab Millionen Tote in den USA, England, Frankreich, in Deutschland sowieso und 13 Mio. Tote in Indien. Engländer lassen gern die

Menschen aus ihrer Kolonie für sich kämpfen. Insgesamt geht man von 50-100 Mio. Toten nach dem Kriegsende aus.

Trump

Sein Wahlspruch ist: „Amerika first". Damit will er sagen, das Wohlergehen der amerikanischen Bevölkerung steht an erster Stelle. Bisher war es so, dass die USA Kriege führten in aller Welt, in Gegenden, von denen der Normalamerikaner nicht einmal weiß, wo diese sind, und zwar mit dem Ziel, Erdölfelder zu erobern, sich Bodenschätze anzueignen, deren Gewinne den reichen Unternehmern und Großbanken zufließen. Das amerikanische Volk hat aber davon nie etwas gesehen, gewusst und schon gar nichts abbekommen.

Kosten der amerikanischen Militäraktionen

Trump berichtet, dass allein die militärischen Einsätze im Nahen Osten das Land in den letzten 10 Jahren mehr als 200 Billionen gekostet haben. Die amerikanische Wirtschaft ging zugrunde: Der „Rostgürtel" wo einst die reichsten Automobilwerke standen; Verlagerung der Produktion ins billiger produzierende Ausland; Arbeitslosigkeit, Obdachlose, Analphabeten – 75 % der Schwarzen im reichen Kalifornien können weder lesen noch schreiben.

Trump ein Christ

Was unsere Presse total verschweigt: Trump kämpft für ein christliches Amerika. Die Anfangsideale des amerikanischen Staates, die Ideen der Pilgerväter, der Quäker, Presbyter, Evangelikale, ... Alles was jetzt bekämpft wird, das will er als Tradition erhalten.

Milania, die first Lady betet bei seinen Wahlveranstaltungen mit seinen Anhängern das Vater Unser. Die amerikanische Presse tobt. In Deutschland allerdings wird das lieber nicht erwähnt, es könnte Sympathie erwecken.

Ob unsere „christliche“ Kanzlerin Merkel je schon einmal in ihrem Leben das Vaterunser gebetet hat? Ich kann es mir ehrlich gesagt nicht vorstellen. Auch was ihr Vater angeblicherweise, ein Pfarrer im Auftrag des atheistischen Staates, und bezahlt von Ulbricht, Honecker und Genossen, für eine Funktion in der christlichen Gemeinde hatte, ist mir ein Rätsel.

Attentate

Auf Putin soll der CIA schon sieben Attentate geplant haben. Obwohl diese kriminelle Mordkommission der erfahrenste Massenmörder der Welt ist, hat es nicht ein einziges Mal geklappt. Auch alle Attentate auf Trump gingen daneben. Vielleicht darf man daraus die Hoffnung schöpfen, dass beide unter dem Schutz des Höchsten stehen.

Xi Jingping

Höchst sympathischer Mann, fähig und aus einer ehrlichen Familie – einfachster Herkunft.

Ein Segen, dass er lebenslang regieren kann, und nicht wie die billigen Marionetten nach vier Jahren ausgetauscht wird, von denen, die zwar nicht „gewählt“ werden, aber das „Sagen“ haben.

Guidestones

Die neue Weltordnung hat sich immerhin im Jahre 1980 mit ihren Richtlinien für die nächsten 1000 Jahre festgelegt. In Georgia haben sie in monumentalen Granitsteinen gemeißelt, welche Richtlinien in der neuen Weltordnung angesteuert werden müssen. Guidestones muss man übersetzen als richtungsweisende Steinmonumente vergleichbar mit Stonehenge für die kommenden Jahrtausende. In acht modernen Sprachen und vier altertümlichen Sprachen: babylonische Keilschrift, altgriechisch, Sanskrit und in ägyptischen Hieroglyphen wurde die Botschaft in sechs Granitplatten von hundert Tonnen eingemeißelt.

Bedeutung des Monuments

Dieses Monument ist so bedeutsam, dass es notwendig ist im Internet das Ganze herunterzuladen. Allein die finanziellen Kosten sind so ungeheuerlich und die wissenschaftlichen Voraussetzungen, das alles in babylonisch, in Hieroglyphen, in Sanskrit, ... anzufertigen, dass nur eine verschwindend kleine Zahl von Menschen finanziell in der Lage ist so etwas in Auftrag zu geben.

Anonymus

Der Auftraggeber ist anscheinend ein ANONYMUS, ein Namenloser. Erstaunlicherweise ist allerdings dieser Namenlose mit einem Rechtschreibfehler eingemeißelt worden. Er heißt ANONYNUS. Das kann kein Zufall sein. Es kann nur bedeuten, dass die Eingeweihten genauestens wissen, wer dieser ANON ist.

Dekalog

Für die letzten 3000 Jahre spielt der Dekalog eine grundlegende Rolle für die Menschheit. Es sind die 10 Gebote Gottes, wie sie Moses am Sinai von Gott erhalten hat und in zwei Gesetzesplatten eingemeißelt hat. Dieses Gesetz für das auserwählte Volk wurde von den Christen als von Gott gegeben übernommen und auch die Moslems haben diese Gottesgebote rezeptiert. Diese 10 Gebote haben also seit 3000 Jahren Gültigkeit für alle drei Weltreligionen. Die neuen 10 Gebote der Guidestones sind für die nächsten 3000 Jahre konzipiert.

Die jüdischen Gebote

Für das „auserwählte Volk" der Israeliten ist klar, dass diese Gebote von ihrem Gott, JAHWE, speziell für sie gegeben wurden. Der erste Satz heißt entsprechend: „Ich bin der Herr dein Gott, du sollst keine anderen Götter neben mir haben".

Einzelheiten

Diese Gebote nehmen darauf Bezug, dass ihr Gott sie aus Ägypten herausgeführt hat und ihnen das Gelobte Land versprochen hat. Neben der Einhaltung der Sabbatruhe heißt das erste Gebot „Du sollst Vater und Mutter ehren".

Grundlegende Gebote

Die grundlegenden Vorschriften für ein soziales Zusammenleben sind in diesen Geboten:
„Morde nicht"
„Stehle nicht"
„Hure nicht"

Ein weiteres Gebot

Du sollst kein falsch Zeugnis vor Gericht abgeben. Diese Gebote beziehen sich streng genommen nur auf die Israeliten und ihr Verhalten untereinander. Der Ausdruck „dein Nächster" ist nur ein Angehöriger derselben Sippe, desselben Stammes oder einem der zwölf Stämme Jakobs.

Auslegung der Gebote

Schon im Buch Moses wurden diese Gebote ausgelegt und für den Fall der Übertretung Strafen ausgedacht. Wenn z.B. ein Israelit seinen Sklaven totschlägt, ist das straflos, weil er ja selbst den Schaden hat und sich einen neuen Sklaven kaufen muss. Wenn er den Sklaven eines anderen Israeliten totschlägt, muss er diesem den Wert des Sklaven ersetzen, damit er sich einen neuen kaufen kann. Wenn ein Israelit einen

Nicht-Israeliten umbringt ist im Dekalog keine Strafe vorgesehen. Die Gesetze betreffen nur den Gott Jahwe und die Israeliten. Moses z.B. hat im Zorn einen Ägypter getötet, und er wurde deswegen vom ägyptischen Pharao verfolgt. Für Moses selbst aber war dieser Totschlag belanglos. Auch das Gebot „Du sollst nicht stehlen" besagt, dass man lediglich die Eigentumsverhältnisse der Stammesangehörigen respektieren muss, Fremden gegenüber muss man sich diese Beschränkung nicht auferlegen. Da sich diese Fremden aber selber wehren, kann es natürlich durchaus sein, dass auch ein Israelit beim Stehlen und Rauben vorsichtig sein muss.

Christliche Deutung der 10 Gebote

Da die Christen im Judengott des Moses den selben Gott sehen den Christus predigt, wurden die Gebote umgedeutet. Das Gebot: „Du sollst nicht töten" umfasst nun nicht nur Stammesangehörige der Israeliten, sondern jeden Menschen. Der Nächste ist nicht mehr nur vom Stamme Jakob, sondern es ist der Mensch allgemein. Mord und Totschlag ist universal eine Sünde.

Ausweitung der Deutung

Diebstahl, Raub, Ehebruch sind allgemein Verbrechen, die Gott missfallen, und damit auch für die Christenheit insgesamt gültig sind.

Die 10 Gebote bei den Moslems

Mohamed erwähnt die 10 Gebote des Moses im Koran. Auch für die Moslems spielen diese 10 Gebote eine grundlegende Rolle. Er unterteilt in 5 Gebote und 5 Verbote. Für ihn sind sie von Anfang an universal und allgemein gültig.

Götzendienst

Zu seiner Zeit hatten die arabischen Stämme noch mehrere Götter. Insofern ist für ihn ebenfalls das erste Gebot „Ihr sollt ihm, Allah, nichts beigesellen, d.h. keine anderen Götter dienen". An zweiter Stelle steht entsprechend dem Gebot „Ehret Vater und Mutter: Ihr sollt den Eltern Güte erweisen, d.h. man soll auch den Eltern, wenn sie alt und hilfsbedürftig sind, hilfreich zur Seite stehen, dafür dass sie die Kinder groß gezogen haben.

Kindermord

Ein völlig neues Gebot, dass sich weder bei Juden noch Christen findet, heißt bei Mohamed: „Tötet nicht eure Kinder aufgrund von Verarmung". Die Lebensverhältnisse damals waren offensichtlich so schwierig, dass die Eltern, die ihre Kinder nicht mit Nahrung versorgen konnten, diese getötet haben. Entsprechend könnte man heute die Abtreibung benennen, die Frauen vornehmen, weil sie sich nicht vorstellen können, dass sie das Kind aufziehen könnten. Das ist Allah nicht wohlgefällig.

Waisenkinder

Die schwierigen Lebensverhältnisse führten auch dazu, dass viele Menschen umkamen, bevor ihre Kinder großgezogen waren, und es gab auch viele Waisenkinder. Da die sich noch nicht wehren konnten wurde in der Regel versucht, ihnen das Vermögen ihrer Eltern wegzunehmen. Dagegen verlangt Mohammed „nähert euch nicht dem Vermögen eines Waisenkindes".

Volles Maß und Gewicht

Die arabischen Stämme trieben einen ausgedehnten Handel. Mit ihren Karawanen zogen sie oft monatelang über große Strecken. In anderen Landstrichen gab es andere Maße von

Gewicht und Geld. Mohammed fordert „gebt volles Maß und Gewicht nach Gerechtigkeit". Also auch in anderen Ländern sollte mit gerechtem Maß gehandelt werden.

Falschaussage vor Gericht

„Du sollst kein falsch Zeugnis reden vor Gericht" wurde von den Israeliten in der Regel so aufgefasst, dass man nichts Nachteiliges über Stammesgenossen aussagen soll. Damit er keinen Nachteil hat. Dagegen sagt Mohamed: „wenn ihr vor Gericht aussagt, dann seid gerecht, auch wenn es um einen Verwandten geht".

Gegenentwurf

Die 10 Gebote des Neuen Zeitalters sind ein direkter Gegenentwurf zum biblischen Dekalog. Die Religion und damit Gott hat seinen beherrschenden Einfluss verloren: „Gott ist tot", predigt Nietzsche im Zarathustra. Das Zeitalter der Vernunft ist angebrochen. Die Französische Revolution sagt Gott den Kampf an. Mehr noch als die Monarchie und der Adel ist die Kirche Angriffspunkt der Revolutionäre: Priester werden aufgehängt – a la lanterne!! – ca ira, ca ira. Klöster werden aufgelöst und das gesamte Vermögen der Geistlichkeit, alle Kirchen und jedweder Grundbesitz enteignet.

Krönung der Vernunft

In Notre Dame in Paris wird die menschliche Vernunft symbolisch zur Königin der Menschheit gekrönt. Das Zeitalter der Erleuchtung – siecle des lumieres, und der Erleuchteten, der Illuminaten, der Führer der neuen Menschheit wird eingeläutet. Inspiriert werden diese aufgeklärten Freimaurer vom Lichtträger – „Luzifer" der dem Aberglauben der Religionen ein Ende setzt.

Verkünder und Adressaten

Hat im Alten Bund Gott selbst gesprochen, zu seinem „auserwählten Volk" den Israeliten so sind es nun die Vordenker der neuen Religion Voltaire, Rousseau, Marx, ..., die an die künftige Weltregierung ihre Richtlinien erlassen.

Georgia Guidesstones

In acht verschiedenen Sprachen sind diese 10 „Gebote" Leitsätze oder Richtlinien in den Granit mit Sandstrahlen eingraviert worden. Schon die erste Vorschrift löst Erstaunen aus. Zur Zeit als die Guidestones 1980 errichtet wurden, war die Menschheit auf die 4 Milliarden angewachsen; inzwischen hat sie sich auf 8 Milliarden verdoppelt.

Das erste Gebot

MAINTAIN HUMANITY UNDER 500 MILLIONS	HALTE DIE MENSCHHEIT UNTER 500 MILLIONEN

Wer spricht diesen Befehl aus? Und wer soll ihn einhalten? Wer ist der Bevollmächtigte, der diesen Befehl gibt, und wer soll diesen Befehl ausführen? Vermutlich die kommende Weltregierung.
Und wie ist dieser Befehl umzusetzen? Sollen 7,5 Milliarden umgebracht werden damit nur 500 Millionen übrigbleiben, und auf welche Weise will man die Menschheit dermaßen reduzieren?

Gedacht war an einen 3. Weltkrieg mit Atombomben. Diese Vorstellung hat bei den Herrschenden an Überzeugungskraft verloren, weil Russland die zweite große Atommacht inzwischen über Abwehrraketen verfügt und Angriffsraketen in 10-facher Schallgeschwindigkeit, die von den Amerikanern nicht mehr abgefangen werden können, so dass die herrschende Klasse erkennen muss, dass ihre Idee vom

Erstschlag nicht mehr ohne Gefahr für sie selbst durchgeführt werden kann.
Neueste Vorstellung ist, dass man die Menschheit mit einer Impfung insgesamt unfruchtbar macht. In Afrika will man damit anfangen aber auch in Europa und den USA soll eine Zwangsimpfung verordnet werden. Die Weltgesundheitsorganisation unter der Leitung von Bill Gates hat sich das zum Ziel gesetzt. Bill Gates ist einer der besten Freunde von Rockefeller, der sich in erster Linie für die Reduktion der Menschheit einsetzt, wie er in vielen Reden bestätigt.

Zweites Gebot

GUIDE REPRODUCTION WISELY – IMPROVING FITNESS AND DIVERSITY	LENKE DIE FORTPFLANZUNG WEISE UM TAUGLICHKEIT UND VIELFALT ZU VERBESSERN

Die künftige Weltregierung soll die Fortpflanzung lenken und gleichzeitig optimales Erbgut verbessern.
D.h. es wird nicht mehr Vater und Mutter geben. Es wird kein Liebespärchen mehr geben, das Kinder zeugt, sondern die Vermehrung der Menschen soll von der Regierung gelenkt werden, wobei gleichzeitig Züchtungsideale und Verbesserung der DNA durch Genmanipulation angestrebt wird. Ausgesucht wird das Erbmaterial von den dafür zuständigen Regierungsstellen, d.h. Spermien und Eizellen werden auch von dort ausgesucht und je nach Zweck gemischt, gekreuzt und vereint. Die Lebewesen, die dadurch entstehen, werden niemals erfahren vom wem der männliche Samen kam oder die weibliche Eizelle.

Drittes Gebot

UNITE HUMANITY WITH A LIVING NEW LANGUAGE	VEREINE DIE MENSCHHEIT MIT EINER NEUEN, LEBENDEN SPRACHE

Der Vielfalt der Sprachen aller Völker soll eine einheitliche von allen gesprochene Sprache geschaffen werden. Diese Sprache soll eine neue, künstlich geschaffene Sprache sein, vergleichbar dem Esperanto. Im Klartext heißt es aber, dass das ganze Menschheitswissen, das in den Sprachen festgelegt ist, auf den Müllhaufen geworfen wird. Das Gotteswort, das in der Bibel geschrieben steht, hat sowieso ausgedient. Auch alle Dichtung in allen Sprachen wird nicht mehr verstanden werden. Die künstliche Sprache wird weitgehend digital sein, d.h. eine Programmsprache, die man per Knopfdruck auch in jedem Laptop eingeben kann. Da das Denken weitgehend an die Sprache gebunden ist, wird Denken überflüssig.

Viertes Gebot

RULE PASSION – FAITH TRADITION	BEHERRSCHE LEIDENSCHAFT, GLAUBE UND TRADITION

Ist es so zu verstehen, dass einfach diktatorisch festgesetzt wird von der Regierung wie Überzeugungen, Glaubensinhalte, Traditionen zu praktizieren sind.

Fünftes Gebot

PROTECT PEOPLE AND NATIONS WITH FAIR LAWS AND JUST COURTS	SCHÜTZE MENSCHEN UND NATIONEN MIT GÄNGIGEN GESETZEN UND GERECHTEN GERICHTSHÖFEN

Diese Vorschrift ist unglaubhaft. Nach den vorhergehenden gibt es Menschen und Nationen gar nicht mehr. Es ist alles vereinheitlicht. Es gibt auch keine Gesetze nach denen Gerichtshöfe urteilen könnten, mindestens werden keine Gesetze genannt.

Sechstes Gebot

LET ALL NATIONS RULE INTERNALLY RESOLVING EXTERNAL DISPUTES IN A WORLD COURT	LASS ALLE NATIONEN INTERN REGIEREN UND EXTERNE STREITIGKEITEN DURCH EINEN WELTGERICHTSHOF REGELN

Auch dieses Gebot ist irreführend. Einen Weltgerichtshof kann es wohl geben. Da aber alle Nationen abgeschafft sind, wie sollen sie interne Schwierigkeiten selber lösen.

Siebtes Gebot

AVOID PETTY LAWS AND USELESS OFFICIALS	BELANGLOSE GESETZE UND UNNÜTZE BEAMTE SIND ÜBERFLÜSSIG

Belanglose Gesetze sind vermutlich die Gesetze des Dekalogs:
Du sollst nicht töten
Du sollst nicht stehlen
Du sollst nicht ehebrechen

Richter die darüber wachen sind deswegen auch überflüssig und unnütz. Es wird in dieser neuen Gesellschaft kein Eigentum und keinen Grundbesitz mehr geben. Die Regierung teilt jedem sein monatliches Grundeinkommen zu und stellt ihm den Wohnraum zur Verfügung, den er benötigt. Da es keine Familie mehr gibt, gibt es auch keinen Ehebruch. Die totale Kontrolle über den Einzelnen erlaubt ihm Aktionen wie Tötungen und Mord sowieso nicht mehr.

Achtes Gebot

BALANCE PERSONAL RIGHTS WITH SOCIAL DUTIES	PERSÖNLICHE RECHTE UND SOZIALE PFLICHTEN SIND IN EINKLANG ZU BRINGEN

Auch das ist nur eine Phrase, denn persönliche Rechte gibt es überhaupt nicht. Die soziale Pflicht ist, die Anweisungen der Regierung zu befolgen.

Neuntes Gebot

PRIZE TRUTH BEAUTY-LOVE-SEEKING HARMONY WITH THE INFINITE	PREISE WAHRHEIT-SCHÖNHEIT-LIEBE SUCHE DIE HARMONIE MIT DEM UNENDLICHEN

Ein schöner Schlusssatz vergleichbar unseres Satzes im Grundgesetz: Die Würde des Menschen ist unantastbar. Das heißt, dieser Satz ist vollständig inhaltslos.

Zehntes Gebot

BE NOT A CANCER ON THE EARTH – LEAVE ROOM FOR NATURE – LEAVE ROOM FOR NATURE	SEI KEIN KREBSGESCHWÜR AUF DIESER ERDE LASS RAUM FÜR DIE NATUR LASS RAUM FÜR DIE NATUR

Ein wunderbarer Schlusssatz. Der Mensch und die Menschheit insgesamt ist ein Krebsgeschwür auf der Erde. Am besten er bringt sich selber um, damit die Natur Raum hat. Das satanische Streben die Menschheit auszurotten, ist ja von allem Anfang an schon im Alten Testament bezeugt. Hier spätestens zeigen die Satanisten ihr wahres Gesicht.

Zusätzliche Anmerkung

Was auffällt, und was ein Licht auf die Autoren dieser 10 Gebote wirft, das ist, dass deutsche Sprache und die deutsche Bedeutung in der tausendjährigen Geschichte vom frühesten Mittelalter bis in die Jetzt Zeit komplett ausgelassen wird. Das Heilige römische Reich deutscher Nation, das von der Kaiserkrönung Karls des Großen an über die mehr als tausend Jahre im Zentrum Europas die beherrschende Rolle in der Kultur und Politik gespielt hat, das wird vollständig ausgeblendet. Die großen Leistungen in der Dichtung, Philosophie, Musik und Wissenschaft werden nirgends erwähnt. Das ist ein Hinweis, dass die Gründer der Guidestones von der Deutschfeindlichkeit geleitet waren, die sie zum Ersten Weltkrieg angestachelt hat und auch zum Zweiten Weltkrieg. Der derzeitige Versuch der Islamisierung Deutschlands ist ein letzter Versuch zur vollständigen Ausrottung des deutschen Volkes.

Gegenbewegung

Diese spürbare Vorbereitung der satanischen Kräfte zur Übernahme der Weltregierung bleibt natürlich nicht unbemerkt. Das gegnerische Hauptziel dieser atheistischen Bewegung ist die Vernichtung des Christentums. Auf den ersten Blick scheint das sehr erfolgreich. Immer mehr Menschen treten aus der Kirche aus. Die Kirchen füllen sich nicht mehr zum Gottesdienst. Es sind immer weniger junge Männer bereit, Priester zu werden, sodass viele kirchliche Stellen nicht mehr besetzt werden können. Doch außerhalb der katholischen und evangelischen staatlich subventionierten Kirche gibt es immer mehr Christen, die von ihrer persönlichen Bekehrung sprechen, und zwar in einer so individuell aufrichtigen Art, wie das vorher mir noch nie bekannt war.

Christliche Prediger

Die übliche Sonntagspredigt eines gut bezahlten Pfarrers wird ersetzt durch ganz persönliche youtube Botschaften von jungen Leuten, die voller Eifer für den Glauben eintreten.

Ein besonderer Prediger der seine Überzeugung furchtlos verkündet ist Abdul Memra. Er stammt aus Syrien aus einem christlichen Elternhaus. Er wurde syrisch-orthodox erzogen und ist als Flüchtling in die Bundesrepublik gekommen. Interessant ist, dass seine Muttersprache aramäisch ist. Das ist die Sprache die Christus selbst gesprochen hat und die sich in kleinen Teilen in Syrien bis auf den heutigen Tag erhalten hat. Die Schriftsprache zur Zeit Christi war hebräisch. Uns allerdings sind die Herrenworte nur in der damals vorherrschenden Sprache griechisch überliefert worden.

Besonderheit dieses Predigers

Da er als Syrer auch die arabische Sprache beherrscht, kann er den Koran in Arabisch lesen und seine Auseinandersetzung mit dem Glauben der Moslems ist deshalb besonders fachkundig. Er hat auch die Fähigkeit, direkt auf Menschen und Glaubensbrüder zuzugehen. So hat besonders beeindruckt wie er Latzel beigestanden hat als die Bremer Kirchenoberen diesem echten Prediger der Worte Jesu das Predigen verbieten wollten.

Xavier Naidoo

Der bekannte Sänger hat sich ebenfalls zu Christus bekehrt und eckt deshalb bei vielen Atheisten an. Xavier ist allerdings der Meinung, dass Gott Vater und der Sohn insofern unterschiedlich sind als nach der Überzeugung von Jehovas Zeugen Christus lediglich wahrer Mensch ist, aber nicht Gott. Er sagt deswegen, er betet Christus nicht an. Diese Unterscheidung zwischen Gott Vater und Christus als reiner Mensch ist ja ein alter Gegensatz. Schon in der Frühzeit haben die Arianer das vertreten. Die Lehre des Athanasius dass Christus wahrer Mensch und wahrer Gott ist, hat sich allerdings in der katholischen und evangelischen Kirche durchgesetzt. Abdul vertritt überzeugend die Meinung, dass auch Christus wahrer Gott ist.

Wiederkunft Christi

Das Erlösungswerk Christi durch den Tod am Kreuz ist allerdings noch nicht vollendet.
Sein tausendjähriges Reich ist noch nicht auf die Erde gekommen. Durch die Auferstehung wurde dieses Ziel vorbereitet. Bei der Himmelfahrt sagt Christus, dass er das Reich vorbereiten wird und dass er wieder kommen wird. Das steht allerdings seit zweitausend Jahren aus.

Naherwartung

Die Jünger Jesu damals waren der Meinung, dass diese Wiederkunft noch zu ihren Lebzeiten geschehen wird. Die Jahrhunderte und zweitausend Jahre danach wurde die Wiederkunft ständig erwartet aber traf nie ein. Eine Umfrage unter den Pfarrern der evangelischen Kirchen hat ergeben, dass nur 15 % der Pfarrer selbst an die Wiederkunft glauben. Erstaunlich ist allerdings, dass immer mehr Prediger heute überzeugt sind, dass diese Wiederkunft unmittelbar bevorsteht.

Endzeit

Beim genauen Lesen der Bibel wird klar, dass die Wiederkunft erst in der Endzeit geschieht. Theoretisch könnte das in mehreren tausend Jahren erst sein. Gewisse Hinweise aber, dass wir in der Endzeit leben sind uns bei Propheten und in der Ölbergrede von Christus gegeben.

Die Rolle Israels

Israel spielt in dieser Endzeit eine zentrale Rolle. Es wird geoffenbart, dass die Juden aus aller Welt wieder zurückkommen in ihr Land, und dass der dritte Tempel gebaut wird. Das ist ja wirklich eine absolut neue Entwicklung nachdem Juden zweitausend Jahre lang in der Welt verstreut waren. Die Offenbarungen vom Propheten Daniel und Zacharja kann man jetzt wörtlich verstehen sowie die Ölbergrede von Christus.

Schweizer Prediger

Die Schweiz wurde nicht so stark amerikanisiert wie die Bundesrepublik. Deshalb kommen von dort sehr viele konservative Gedanken zur Bibelauslegung und zur Politik. Liebi, Lieth, allerdings auch einzelne Pfarrer aus deutschen evangelischen Kirchen, Gassmann, Schilling, ... legen die Bibel erstaunlich wörtlich aus, was vor kurzem noch vollkommen undenkbar war.

Siebenjahrwochen

Der Prophet Daniel spricht von Siebenjahrwochen. Die erste Hälfte ist noch einmal eine Gnadenzeit für die Menschheit und die Möglichkeit für Umkehr und Buße. Danach aber gibt es keine Rettung mehr. Wann die Endzeit beginnt, ist nicht ganz genau festgelegt. Allerdings deuten viele Zeichen daraufhin, dass sie begonnen hat. Thorsten Schulte erklärt den 1. August 2020, den Tag der Freiheit in Berlin als Beginn der Apokalypse. Apokalypse wurde von Luther übersetzt als Offenbarung des Johannes. Der Wortsinn heißt allerdings Enthüllung. Schulte deutet es so, mit diesem Tag beginnt die Enthüllung der verbrecherischen Machenschaften der großen Regierungen.

Entrückung

Dieses Wort spielt neuerdings und erstmals eine große Rolle, denn sie zählt zu den eigenartigsten Prophezeiungen überhaupt. Zwei Menschen gehen gemeinsam über das Feld, und der eine wird in Sekundenschnelle entrückt und der andere bleibt zurück. Er wird in den Himmel hochgehoben direkt zu Christus.

Diese Entrückung ist ein Gnadenerweis für Christen, die die Drangsaal der letzten dreieinhalb Jahre nicht erdulden müssen. Es ist fast unvorstellbar, dass im „Nu“ Hunderttausende von Menschen verschwinden. Das Erstaunen der Zurückgebliebenen wird keine Erklärung dafür finden.

144.000

Das sind je 12.000 von den 12 Stämmen Jakobs, die gerettet werden. Nachdem Israel mit wenigen Ausnahmen den Glauben an Christus abgelehnt hat, wird in der Endzeit diese Massenbekehrung von 144.000 in Jerusalem stattfinden. So deuten die Prediger die biblischen Prophezeiungen.

Konkrete reale Situation

Christus sagt: „Beim Wetter schaut Ihr auf die Zeichen am Himmel, die das kommende Wetter ankündigen. Bei der Ankündigung der Endzeit aber nicht“. Doch immer vermehrt erkennen Prediger heutzutage, diese Zeichen, und dass die Endzeit tatsächlich naht. Die Prophezeiungen für diese Endzeit, die geoffenbart wurden, können auch jetzt erst verstanden werden, und werden teilweise sogar wörtlich ausgelegt, wie das zu früheren Zeitpunkten gar nicht möglich gewesen wäre.

3 ½ Jahre Friedenszeit

Prophezeiung des Propheten Daniel beziehen sich speziell auf diese Endzeit, obwohl der Prophet mehrere Jahrhunderte vor Christus gelebt hat. Mehrere erfahrene Ausleger von

Bibelstellen sind überzeugt, dass sich seine Aussagen auf die Jetzt-Zeit beziehen. Nach deren Überzeugung wird die große Katastrophe der Endzeit nicht sofort eintreten, sondern es wird noch einen Aufschub von 3 ½ Jahren für Buße und Umkehr geben. Sie gehen sogar von einer geradezu paradiesischen kurzen Friedenszeit aus.

Friedensvertrag

Der Beginn der Endzeit wird mit dem Friedensvertrag eingeleitet, der möglicherweise mit dem erwarteten Friedensvertrag von Putin und Trump übereinstimmt. Eine Revision von Jalta soll die vereinbarte Regelung der Siegermächte im Jahr 1944 revidieren. Sogar Deutschland soll wieder souverän werden, und die Besatzungsrechte, die vor allem die Amerikaner für sich noch in Anspruch nehmen, fallen weg. Sogar der nahe Osten, d.h. Israel und Palästina soll befriedet werden. Anfänge sind dazu gemacht.

Die Vernichtung Israels

Nach den Vorgaben des Propheten Daniel wird in 7-Jahr-Wochen gerechnet. Jede Woche entspricht einem Jahr. Nach dieser ersten Hälfte einer Friedenszeit kommt die zweite Periode, die mit der Vernichtung Israels beginnt. Die letzte Schlacht von Harmageddon wird den weltlichen Staat Israels vollständig vernichten. So mutmaßen die meisten Bibel-exegeten. Sämtliche muslimische Staaten werden sich vereinen und gegen Israel vorgehen: Die Türkei, der Irak, der Iran, Pakistan und Indonesien. Ein solches Gemetzel wird natürlich Auswirkung für die gesamte Welt haben.

Verwandlung

„Fleisch und Blut" aber können das Reich Gottes nicht erben. Deshalb muss der Mensch „verwandelt" werden.

„Siehe, ich sage euch ein Geheimnis“, schreibt Paulus erster Korinther 15.50-58:
„Das sage ich aber liebe Brüder, dass Fleisch und Blut das Reich Gottes nicht erben können, auch wird das Verwesliche nicht erben die Unverweslichkeit“.
„Siehe, ich sage euch ein Geheimnis, wir werden nicht alle entschlafen, wir werden aber alle verwandelt werden, und das plötzlich, in einem Augenblick, zur Zeit der letzten Posaune. Denn es wird die Posaune erschallen und die Toten werden auferstehen, unverweslich und wer zu der Zeit noch lebt, wird verwandelt werden“.

Brahms

Im Deutschen Requiem hat Brahms diese Worte vertont. Das gehört zu den gewaltigsten Schöpfungen in der Musik. Man kann sich diese Komposition anhören auf Video im Internet. Dass es diese Möglichkeit gibt, darin sehe ich ein Gnadengeschenk Gottes, der uns das Internet gewährt hat.

Zweite Schöpfung

„Siehe, ich habe die Welt überwunden“, d.h. die alte Schöpfung ist an ihr Ende gekommen. Mit Christus beginnt eine neue Schöpfung. Der Neue Adam wurde erschaffen, sowie ein neuer Himmel sowie eine neue Erde.

Unvorstellbar

„Was noch kein Auge gesehen und noch kein Ohr gehört hat“, schreibt Paulus, das ist das „Reich Gottes“. Wir wollen uns das gar nicht ausmalen. Dazu sind wir gar nicht imstande aber wir freuen uns darauf.

Wendepunkt

Geschichte vollzieht sich immer in Zäsuren und Wendepunkten. Zwei der erstaunlichsten will ich näher besprechen. Es sind die überraschenden Ereignisse, die dazu führten, dass zwei Personen auf denen die ganze Hoffnung für den Weltfrieden beruht, die politische Weltbühne betreten.

Mai 2000

Jelzin, der Präsident der Russischen Föderation hat nicht seinen Kronprinzen Boris Nemzov zum Nachfolger gemacht, sondern den damals noch völlig unbekannten Wladimir Putin.

Nemzov

Nemzov wurde von der Finanzelite der Wall-Street favorisiert. Er hat ihnen für ihre großzügige Unterstützung schon versprochen, dass alle Staatsbetriebe privatisieret würden, sodass für Leute, für die Geld keine Rolle spielt, ohne Mühe sämtliche Vorkommen von Bodenschätzen in dem Riesen Reich billig aufgekauft werden konnten und von ihren US Betrieben ausgebeutet werden konnten zur persönlichen Bereicherung. Außerdem sollte die staatlich geführte Presse in Privateigentum übergehen, mit der Folge, dass ein Presse-Mogul sämtliche Zeitungen aufkaufen könnte und die staatlich sanktionierte Meinung des Westens, wie bei unseren Main-Stream Medien, als einzige in Russland verbreitet würde.

NZZ

Die Neue Zürcher Zeitung war für viele Jahre die einzige unabhängige Zeitung im deutschsprachigen Raum. Inzwischen muss auch diese Zeitung die Einheitsartikel von dpa und Reuters abdrucken, weil sie aus Kostengründen nicht mehr die Möglichkeit hat, dass ihre eigenen Journalisten recherchieren.

20.01.2017

Dieses Datum markiert den Zeitpunkt, an dem Trump gegen jede Wahrscheinlichkeit und jede Prognose seine Rede zur Amtseinführung als US-Präsident gehalten hat. Schon sein

Wahlsieg grenzt an ein Wunder. Die Gegenkandidatin Hillary Clinton wurde mit 1 Milliarde Dollar für ihren Wahlkampf vom Establishment unterstützt und die gesamt Presse New York Times, Washington Post, Fernsehen, CNN, BBC, ... haben ausschließlich für die Wahl von Hillary gekämpft und alles Negative gesammelt, was in Jahrzehnten über Trump gefunden werden konnte.

Geplantes Attentat

Nachdem alles nichts genutzt hat, war ein Attentat geplant, das ihn unmittelbar vor dem Antritt seiner Rede treffen sollte; und zwar beim Auswechseln seiner privaten Schutzmannschaft mit der offiziellen Garde, die für den Präsidenten bestimmt ist.

Muster

Ablaufen sollte dieses Attentat nach dem Muster, nach dem F.D. Roosevelt seinen Mitbewerber hat beseitigen lassen, um 1932 sicherzustellen, dass er die Wahlen gewinnt. Eine hochrangige und einflussreiche Person, deren Namen aber natürlich anonym gehalten wird, soll Trump diesen Plan verraten haben. Es ist möglicherweise der Anonymus = Anon. Möglicherweise dieselbe Person, die im Signum Qanon erscheint.

Erwartung

Das Gerücht eines solchen Attentats kann natürlich nicht bestätigt werden. Es gibt aber Hinweise, dass etwas Wahres dran ist. Wäre das Attentat geglückt, hätte Obama die Regierungsgeschäfte weiterführen können. Das war die offiziell geäußerte Wunschvorstellung. Nachdem das aber nicht geglückt ist, setzten sofort Versuche ein auf allen Ebenen, Trump seines Amtes zu entheben, bis hin zu gewalttätigen von Soros finanzierten Straßenschlachten „It´s not my president".

Solche Szenen kennen wir aus Ländern, in denen Wahlergebnisse grundsätzlich nicht anerkannt werden. Für die USA ist das Phänomen neu, denn es gilt doch, das ist der Sinn der Wahlen, der Mehrheitswille soll anerkannt werden.

Erstaunen der Ehrengäste

Die Ehrengäste, alle noch lebenden früher regierenden Präsidenten der USA, waren nicht wenig erstaunt, dass Trump nach einer gewissen Verzögerung mit der First Lady Melania zur Amtsvereidigung erschienen war und seine erste Ansprache als Präsident an das amerikanische Volk hielt. Damit hatten sie offensichtlich nicht gerechnet.

Jimmy Carter

Er war der älteste unter ihnen. Inzwischen ist er über 90 Jahre alt. Er ist der Einzige mit christlichen Wurzeln. Er ist Baptist. Er hat erfolglos versucht, moralische Werte in der Politik umzusetzen. Die Politik wird in den USA aber nicht vom Präsidenten gemacht, sondern vom CIA und ist geheim. Nur wenn Präsidenten mitspielen werden sie in die geheimlaufenden Operationen eingeweiht. Auch in der Regierung sind nur wenige Mitglieder informiert. Im Senat und Kongress ist die Mehrzahl der Abgeordneten vollständig ahnungslos über das was im Geheimen abläuft.

Morddrohungen

Da Carter nicht mitspielen wollte, hat die CIA auch ihm schonungslos mitgeteilt, dass wenn er nicht spurt, sie es mit ihm so machen würden wie mit John F. Kennedy. Dessen Ermordung durch den „Deep State“ ist offensichtlich, wollte er doch die Privatbank FED verstaatlichen. Klar war auch, dass Carter keine zweite Amtszeit antreten durfte.

Bush Junior

Er hat den unheilvollen Irakkrieg zu verantworten. Nachdem er festgestellt hatte, dass Saddam Hussein keine Massenvernichtungs-Waffen besaß, ein Krieg also für Amerikaner gefahrlos war, begründet er seinen Angriff mit der infamen Forderung, wenn er die Massenvernichtungs-Waffen nicht freiwillig vorweise, käme es unweigerlich zum Angriff. Da Saddam das ja mit dem besten Willen nicht tun konnte, da er tatsächlich keine hatte, war für Bush der Krieg unvermeidlich.

Konsequenzen

Eine solche Kriegserklärung ist so einmalig, dass mit dieser Erklärung für alle die für Wahrhaftigkeit auch in der Politik eintreten, ein Umdenken eingesetzt hat. Von diesem Zeitpunkt an wurde klar, dass die US-Regierung nicht für Menschenrechte und das Wohl der Völker eintritt, sondern der Schurkenstaat Nr. 1 in der Welt ist.

Richard Clinton

Auf ihn hat die CIA Monika Lewinsky angesetzt. Er sollte durch eine Sex-Affäre erpresst werden, um das „Banken-Trenn-System“ aufzuheben.

Es gibt Sparbanken und Investmentbanken. Auf der Sparbank kann der Sparer gegen einen kleinen Zinssatz sein Geld anlegen und die Bank kann diesen mit einem höheren Zinssatz weiterverleihen. Die Spanne ist der Gewinn der Bank. Sie darf dieses Geld ihrer Sparer aber nur gegen Sicherheiten, Pfand oder Hypotheken weiterverleihen. Auf diese Weise wird ein Verlust des Geldes bei nicht Rückzahlung nicht sehr wahrscheinlich, und ein Totalverlust ist gleichsam ausgeschlossen. Mit anderen Worten, Sparkassen haben kaum die Möglichkeit das Geld ihrer Sparer zu veruntreuen.

Investmentbank

Anders ist es bei den Investmentbanken. Sie beraten Kunden wie diese ihr Geld anlegen können und wo. Sie können Bargeld der Kunden sogar selbst anlegen. Bevorzugt natürlich da, wo sie die höchste Provision bekommen und d.h. für Obligationen und Wertpapiere die vollkommen wertlos sind und die nur wegen der hohen Provisionen und Bonuszahlungen überhaupt verkauft werden können. Mit Aufhebung des Trennbankensystems dürfen aber auch Sparkassen das Geld ihrer Kunden nach eigenem Gutdünken in wertlosen Papieren anlegen. Dann kann eine Bank Bankrott machen, damit also in legaler Weise ihre Sparer um ihr Vermögen bringen.

Hillary Clinton

Auch sie saß, neben ihrem Gatten, in der ersten Reihe der Ehrengäste. Sie hätte ja unter allen Umständen Präsidentin an Stelle von Trump werden müssen. Die Billionäre der Wallstreet, die Rüstungsindustrie, die gesamte Presse, Fernsehen, Funk, Hollywoodstars, ... alle haben sie unterstützt. Noch bevor sie Präsidentin wurde, hat man ihr Hunderte von Millionen in den Rachen geworfen in der Erwartung, dass der an Israel versprochene Krieg gegen den Iran stattfinden würde. Ja sogar, dass man mit einem für Europa begrenzten Nuklearkrieg den verhassten Putin in die Knie zwingen würde. Ein Fall wo zwar die Bevölkerung millionenfach Schaden leidet, aber wo die Eliten ein glänzendes Geschäft für ihren Profit witterten.

Obama

Und dann saß da auch Obama und seine von der Presse angehimmelte Michelle. Ein Massenmörder, dem man gleich zu Beginn seiner Amtszeit den Friedennobelpreis verliehen hat, um zu verbergen, dass er in sechs Ländern gleichzeitig Krieg führte. Er hat auch damit begonnen, mit der

abscheulichsten Führung moderner Kriege: Dem Drohnenkrieg, und zwar im Yemen.
Er wird wie ein digitales Spielszenario geführt. Der „Täter“ sitzt in Sicherheit, tausend Kilometer vom Tatort entfernt, in seinem Büro in Ramstein. Ferngelegt aber automatisch gesteuert, lenkt er die unbemannte aber mit bombenbestückte Drohne in eine Menschenmenge, die auf dem Bildschirm in seinem Fernsehgerät erscheint, weil eine Menschenansammlung ja eine Zusammenrottung sein könnte, zumal vielleicht eine Person darunter durch Fernerkennung erkannt möglicherweise einer Terrororganisation angehört. Falls völlig unbeteiligte Zivilisten auch dabei sind, entsteht eben ein Kollateralschaden. Auf diese Weise hat Obama jahrelang im Schnitt zehn Menschen pro Tag umbringen lassen. Angela Merkel zeigt sich mit ihm vergnügt und zufrieden als „bestem Freund“ auf dem evangelischen Kirchentag.

Reaktion der Gäste

Das sind die Gäste, die Ehrengäste in der ersten Reihe, vor denen Trump seine Rede hält. Ihre Gesichter muss man sich vorstellen, wenn Trump vom Sumpf in Washington D.C. spricht. Das Kamerateam wagte das nur in wenigen Momenten zu zeigen und live zu übertragen. Doch die hier anwesenden Verbrecher können sich nicht verkriechen, wenn sie so in aller Öffentlichkeit bloßgestellt werden.

Paukenschlag

Der erste Satz der Amtseinführungsrede Trumps ist ein Paukenschlag, den die Angesprochenen sicher sofort verstanden haben: Er verspricht das Land wiederaufzubauen – to rebuild the nation – das diese Präsidenten als die letzten in der Reihe vieler miserabler Präsidenten in den Dreck gefahren haben. Und er erneuert die Verheißungen, die dem Volk bei der Gründung 1776 versprochen wurden und die die

Regierungen längst gebrochen haben, nämlich, dass eine Regierung des Volkes für das Volk geschaffen wird.

Realität

Die Regierung der USA hat aber überhaupt keinen Bezug zum Volk.

Die Kriege, die überall auf der Welt geführt wurden, waren ausschließlich im Interesse der Finanzelite und der Großkonzerne. Die Regierungsvertreter sind lediglich Marionetten dieses „Establishment“. In wenigen Fällen sogar direkte Angehörige der einflussreichsten sieben Familien der USA. Zum Beispiel die beiden Roosevelts, Theodor und Franklin Delano.

Wie viele haben das verstanden?

Außer den vier Präsidenten, den Ehrengästen in der ersten Reihe, werden nicht viel verstanden haben, wenn Trump davon sprach

„to rebuild the nation“
„die Nation wieder aufzubauen“, und
„to restore the promise“
„die Versprechungen wiederherzustellen“.

Die Mehrzahl der Zuhörer dachte wohl bei diesen zwei Aussagen, dass es heißt, Verbesserungen für die Nation einzuführen und ein paar Versprechungen, die vernachlässigt wurden, wiederherzustellen.

Eingeweihte

Nur wenige Eingeweihte wussten, dass die USA als Nation schon längst gar nicht mehr existierte. Die Politik seit vielen Jahrzenten wurde nicht mehr für die Nation geführt. Kein einziges Projekt. Sondern alles nur zum Profit der Banken, Großkonzerne und Oligarchen. Nicht ein Unternehmen zum Wohle des Volkes. Die Vorstellung bei der Gründung der

Staaten, es werde eine Regierung des Volkes für das Volk geben, das wurde vollständig vergessen.

A small gruop

Dann wendet sich Trump direkt an die anwesenden Präsidenten: Eine kleine Gruppe, die in der Hauptstadt Washington D.C. saß und regiert hat. Ihnen sagt er, dass sie

„reaped the rewards of government"

„den Lohn des Regierens geerntet haben",

während das Volk die Kosten getragen hat.

Peinlich

Spätestens jetzt wird es für den Letzten erkennbar, peinlich für die vor den Augen der amerikanischen Nation leiblich Anwesenden und millionenfach im Fernsehen Gesehenen so direkt bloßgestellt zu werden und vor den Augen der ganzen Welt sichtbaren Regierenden, die ihre Reichtümer und ihr Vermögen auf Kosten des Volkes zusammengetragen haben.

Konsequenz für das Volk

Dem Volk blieb nichts von dem Reichtum. Viele haben ihren Job verloren. Fabriken wurden geschlossen, während in Washington D.C. große üppige Feste gefeiert wurden. Das Establishment half sich selbst. Man stelle sich vor, das mussten sich diese vier Präsidenten anhören, besonders Hillary Clinton von der bekannt ist, dass sie für ihre Stiftung Millionen zusammengerafft hat.

Zur Anrede

Hier muss nachgetragen werden, dass schon die Anrede Trumps erstaunlich ist, dass man aber allzu leicht diese Besonderheit übersieht. Traditionsgemäß beginnt er genau nach Vorschrift. Zuerst wird Chief Justice Roberts angesprochen, dann die vier letzten noch lebenden

Präsidenten aber dann kommt „fellow Americans", übersetzt etwa mit „Mitbürger Amerikas"; d.h. alle übrigen, sich selbst eingeschlossen nennt er „fellows", eigentlich Gefährten, Kumpel. Und dann ganz erstaunlich: „People of the world". Die Anrede gilt also allen Menschen, bzw. allen Völkern der ganzen Welt. Trump will damit zum Ausdruck bringen, dass was hier und jetzt geschieht, die Vereinigten Staaten, das mächtigste Land der Erde, das in die Hände von Räubern gefallen ist, soll als Staat wiederhergestellt werden.

Herausforderung

Trump ist dabei klar, dass dieser Kampf nicht einfach werden wird: „We will face challenge". „We will confront hardships", übersetzt „Wir werden Herausforderungen ins Auge sehen" und „schwierigste Situationen werden sich uns entgegenstellen". Aber, da ist er sich sicher: „But we will get the job done". Was man übersetzen könnte: „Wir schaffen das". Mit dem Unterschied, dass er es wirklich schafft im Gegensatz zu Deutschland, wo die Integration von Asylanten nicht gelungen ist.

Geballter Inhalt

Der geballte Inhalt ist auf Anhieb gar nicht sofort klar zu erkennen. Die meisten werden gut gemeinte Willenserklärungen gesehen haben, wie es üblich ist. Eine solche Rede rauscht in dieser Minutenschnelle einfach vorbei. Man kann sie erst im Druck aufmerksam und im Detail studieren.

Reaktion im Ausland

Ein Nicht-Amerikaner muss auch Amerikanisch-Englisch gut beherrschen, damit er sprachlich mühelos mitkommt. Außerdem ist die Direktübertragung der Rede oft auch zeitlich versetzt, sodass ihre Verfolgung nicht jedem möglich ist. Für

Deutschland ist außerdem festzuhalten, dass keine einzige Zeitung den Inhalt der Rede mitgeteilt hat, geschweige eine volle Übersetzung geliefert hätte. Dasselbe gilt für alle westlichen Länder: Die Mainstream Presse hat die Rede totgeschwiegen. Sie war zu provokant.

Ersatz-Spektakel

Irgendwie musste aber über die Amtseinführung geschrieben werden. Da nichts über den Inhalt gesagt werden durfte, bot sich ein Ersatz. Man wollte zeigen, dass kein Mensch der USA sich für diese Amtseinführung interessierte, und dass der Platz vor dem Kapitol annähernd leer war. Man zeigte Bilder von der Amtseinführung Obamas: Rappelvoll mit Menschen und leere Plätze bei Trump. Da Trump sofort diesen Betrug reklamierte, hieß die erste Reaktion „Ja, wegen des Regens wären die Bilder um 12 Uhr unscharf geworden, deshalb habe man sie durch Aufnahmen von 10 Uhr ersetzt als die ersten Teilnehmer eintrudelten".

Lüge

Diese erste Aussage hätte eine Erklärung für diesen Unterschied ergeben aber bei weiteren Ausstrahlungen blieb man dabei, dass bei der Amtseinführung Trumps sich wesentlich weniger Menschen als bei Obama dafür interessiert hätten. Die Aussage Trumps wurde als Lüge festgeschrieben, und ein neuer Begriff wurde geboren, nämlich „alternative Fakten".

Damit will man sagen, dass Fakten nicht zählen, sondern dass das Fernsehen festlegt, was als Fakt anerkannt wird.

Singularität

Eine Amtseinführung, wie die von Trump und eine Rede, in der die Vorgänger auf solch demaskierende Weise vorgeführt werden, hat es in der Weltgeschichte noch nie gegeben. Allein deshalb wird diese Rede in die Menschheitsgeschichte eingehen.

Wie geht´s weiter?

Dass die Angesprochenen und der ganze Apparat der hinter ihnen steht sich dagegen wehren, ist nicht verwunderlich. Deshalb war vom ersten Moment an klar, dass dieser Präsident nicht tragbar ist und gestürzt werden muss. Ein Amtsenthebungsverfahren jagt das andere. Ein Mann steht gegen eine Welt von Mächtigen – die sieben reichsten Familien der Welt, die mehr als die Hälfte alles Geldes des ganzen Globus besitzen – und willige Empfehlsempfänger in über hundert Ländern, die von diesen geheimen Machthabern bestochen werden. Die einzigen Länder, die sich dem „deep state“ entgegenstellen sind Nordkorea, Iran, China und Russland.

Widerstand

Alle Attentatsversuche gegen Trump und alle Impeachment Verfahren sind gescheitert. So langsam regt sich selbst in Deutschland Widerstand gegen den „tiefen Staat“.

Corona Pandemien

In dieser Situation, in der auch deutsche Staatsbürger gegen die Situation des tiefen Staates rebellieren, der eine Globalisierung der ganzen Welt vorsieht, zum Nutzen der Banken und Konzerne kommt die Coronakrise. Mit Vorschriften, wie das Tragen einer Gesichtsmaske, Einhalten von Abständen und Begrenzungen von Massenveranstaltungen will man ein Aufbegehren der Bürger verhindern. Der Lockdown der Industrie des Handels verschlingt gigantische Schulden, die die an sich schon nicht zurückzahlbare Schuldenlast nochmal verdoppeln. Das Ziel ist den Mittelstand und die Produktion Deutschlands zu vernichten, damit nur noch vom Staat abhängige Grundeinkommensempfänger übrigbleiben, die rechtlos manipuliert werden können.

Ideale

Die Ideale unserer Politik, der EU in Straßburg und Brüssel wird so endlich verwirklicht. Das gilt für alle anderen Länder genauso, für Frankreich, Italien, Spanien, ...

Fragezeichen

Aber vielleicht läuft doch nicht alles nach Merkels Plan. Es gab den 1. August in Berlin, und am 29. August soll es dort weitergehen. Vielleicht kann durch diese Demonstration etwas bewirkt werden. Außerdem besteht die berechtigte Hoffnung, dass Trump und Putin dem Treiben der wahnsinngewordenen Regierung unter Merkel doch noch Einhalt gebieten.

Aufschub

„Im Kampf des Teufels mit dem lieben Gott" gibt es nach der Interpretation von kundigen Bibelauslegern noch einen Aufschub – eine 3 ½-jährigen Friedenszeit – in der Gott allen die Gelegenheit gibt, zu erkennen wie schön und wie friedlich die Menschen die Erde gestalten könnten. Unter Führung der fortschrittlichen Bevölkerung, wird nicht nur das eigene reiche Land entwickelt, sondern alle anderen Länder profitieren davon.

USA

Von USA aus wird auch Mittel- und Südamerika seine unglaublichen Ressourcen entwickeln können. Die Vereinigten Staaten werden diese Länder nicht für ihre Zwecke als Kolonisten ausbeuten, sondern ihnen als befreundete Nationen in einer win-win-Situation helfen, ihre weniger ausgereiften Infrastrukturen zu entwickeln.

Russland

Wenn die Russen die Deutschen einladen, die Produktion ihrer Industrie zu entwickeln, eröffnet sich für beide Völker ein immenses Arbeitsfeld und ein ungeheuerlicher Wohlstand lässt sich erwirtschaften, an dem alle Völker Europas teilhaben können. Paradiesische Zustände könnten herrschen. Ganz Afrika kann einbezogen werden.

China

Diese Kultur hat es schon immer verstanden, das Niveau einer Hochkultur zu halten, bis auf die dreijahrhunderte Knechtung durch das britische Empire und das US Imperium. Mit der Seidenstraße, die von Shanghai bis Rotterdam gehen soll, wird das „Herzland“ Eurasien erschlossen und zum mächtigsten Zentrum der Welt werden.

„Die Große Drangsal“

Dieser Zustand wird allerdings, nach Meinung fast aller Prediger nicht erhalten bleiben. Die Zeit der Drangsal muss kommen. Gottes Strafgericht lässt sich nicht aufhalten.

Vorfreude

Diese Endzeit-Prophetie sollte aber für alle Gerechten weniger Angst und Schrecken auslösen, sondern eher die freudige Erwartung sollte für den Christen im Vordergrund stehen, denn jetzt wird endlich die Bitte des Vaterunser erfüllt: „Dein Reich komme“. Die Wiederkunft Christi wird das Tausendjährige Reich, das „Reich Gottes“ endlich auf der Welt verwirklichen.

Letzte Worte der Bibel

„Siehe, ich komme bald“. Das sind die letzten Worte in der Offenbarung des Johannes. „Ja, komme bald, Herr Jesu!“
Das ist die Antwort der Gläubigen.